TREIZE A TABLE

COMÉDIE

IMPRIMERIE GÉNÉRALE DE CHATILLON-SUR-SEINE. — M. PEPIN.

TREIZE A TABLE

COMÉDIE EN UN ACTE

PAR

LEMERCIER DE NEUVILLE

PARIS
LIBRAIRIE THÉATRALE
14, RUE DE GRAMMONT, 14

1890

PERSONNAGES

CORNILLET, capitaine de pompiers.
NICOLAS, jardinier.
SCHOLASTIQUE, sœur de Cornillet.
CLAUDINE, servante.

TREIZE A TABLE

Une salle à manger, grande table servie au milieu. — On met douze couverts. Cheminée à gauche. — Portes à droite, à gauche et au fond.

SCÈNE PREMIÈRE

SCHOLASTIQUE, CORNILLET.

CORNILLET.

Je ne dirai pas que c'est le plus beau jour de ma vie, car dans ma vie j'ai eu, Dieu merci, de nombreux beaux jours! mais c'est un des plus beaux! Et je suis fier et heureux de cette marque de sympathie de mes excellents amis.

SCHOLASTIQUE, *plaçant des serviettes.*

Mon frère! vous êtes trop enthousiaste! Ce que font vos amis est tout naturel, et puis ce n'est pas encore si généreux! Ils vous offrent un repas pour votre fête, mais ils se l'offrent aussi! La belle affaire! C'est encore vous qui serez le dindon! Ils apportent leurs plats, c'est vrai. Mais vous, vous fournissez les couverts, le linge, la verrerie, qu'on peut casser, et les vins! Les vins! songez donc ! C'est vous qui donnez le plus!

CORNILLET.

Ma sœur Scholastique, vous n'êtes jamais contente de rien! Il faut bien que je reconnaisse leur amabilité! Les vins! Ma cave est bien garnie!

SCHOLASTIQUE.

Ils vont y faire une fameuse brèche...

CORNILLET.

Qu'importe! Ils vont boire à la santé de Cornillet! Ça vaut bien un petit sacrifice!

SCHOLASTIQUE.

Et le dérangement que ça nous occasionne, vous ne le comptez pour rien ?

CORNILLET.

Vous n'avez rien à faire; ça vous occupera.

SCHOLASTIQUE.

Merci! Depuis hier, Claudine et moi, nous sommes sur les dents. Ah ça, combien faut-il mettre de couverts?

CORNILLET.

Attendez! J'ai ma liste. (*Il tire un papier de sa poche.*) Voyons : Les Potard, deux; les Delaplanche, deux; les Durognon, deux; les Pasdevis, deux; les Gabelou, deux et nous deux ça fait : — deux, quatre, six, huit, dix, douze! Douze couverts!

SCHOLASTIQUE.

Et le fils Gabelou, vous ne le comptez pas?

CORNILLET.

Le fils Gabelou... ah! c'est vrai! Eh bien, mettez un couvert de plus.

SCHOLASTIQUE.

Ça fera treize.

CORNILLET.

Eh bien oui, ça fera treize.

SCHOLASTIQUE.

Treize à table! Mauvais nombre! Il y en a toujours un qui meurt dans l'année.

CORNILLET.

Allons donc! C'est une superstition ridicule.

SCHOLASTIQUE.

C'est une vérité! D'abord moi, je ne me mettrai jamais à une table où l'on est treize.

CORNILLET.

Il ferait beau de voir que vous ne fussiez pas de la fête, vous, ma sœur! On croirait que vous êtes fâchée avec moi.

SCHOLASTIQUE.

Je ne suis pas seule d'ailleurs à redouter le nombre treize. Je suis sûre que tous vos amis sont comme moi...

CORNILLET.

Eh bien, il faut aviser! On ne peut retrancher personne.

SCHOLASTIQUE.

Non, à coup sûr! On ne peut pas ne pas recevoir ceux qui ont organisé la fête.

CORNILLET.

Il faut ajouter quelqu'un, mais qui? J'ai beau chercher, je ne trouve pas.

SCHOLASTIQUE.

Si on invitait le maire?

CORNILLET.

C'est bien tard, il refuserait; d'ailleurs il est absent.

SCHOLASTIQUE.

Eh bien, l'adjoint? C'est une autorité.

CORNILLET.

L'adjoint! Duflanchard! Jamais! Je suis mal avec lui.

SCHOLASTIQUE.

Il faut pourtant en sortir.

SCÈNE II

CORNILLET, SCHOLASTIQUE, CLAUDINE,

apportant un panier de vin.

CLAUDINE.

Là! V'là de quoi boire!

CORNILLET.

C'est du vin ordinaire?

CLAUDINE.

Oui, notre maître.

CORNILLET.

Il n'y en aura pas assez! Tu en monteras un autre panier.

CLAUDINE.

Oui, notre maître!

SCHOLASTIQUE.

Eh bien, que décidez-vous, mon frère?

CORNILLET.

Il me vient une idée!

SCHOLASTIQUE.

Pourvu qu'elle soit bonne!

CORNILLET.

Elle est excellente! (Montrant Claudine.) Claudine!

SCHOLASTIQUE.

Eh bien, Claudine?

CORNILLET.

C'est une brave fille, elle est depuis longtemps chez nous; elle fait partie de la maison, elle fera notre quatorzième.

CLAUDINE.

Je ferai le quatorzième?

CORNILLET.

Qu'en dites-vous? Somme toute elle vaut bien les Delaplanche qui sont menuisiers, les Pasdevis qui sont serruriers, ou les Durognon les bouchers?

SCHOLASTIQUE.

Si vous croyez qu'ils ne se fâcheront pas...

CORNILLET.

Allons donc! Pourquoi se fâcheraient-ils?... Nous la placerons à côté du petit Gabelou! Au contraire, ça aura l'air d'une attention! Elle lui coupera son pain et le fera boire.

SCHOLASTIQUE.

Soit! Je veux bien.

CORNILLET.

Tu entends, Claudine? Tu te mettras à table avec nous.

CLAUDINE.

Moi! oh! merci, notr'maître!

CORNILLET.

Te te tiendras bien, au moins?

CLAUDINE.

Oh! oui, monsieur.

SCHOLASTIQUE.

Il faudra faire un bout de toilette.

CLAUDINE.

Ma robe des dimanches!

SCHOLASTIQUE.

C'est ça!

CORNILLET.

Allons! Tout est sauvé! Maintenant je vais aller chercher du vin fin.

SCHOLASTIQUE.

Et moi des serviettes, je n'en ai pas assez... Continue à mettre les couverts, Claudine.

Cornillet et Scholastique sortent.

SCÈNE III

CLAUDINE, *mettant des assiettes.*

CLAUDINE.

A table! Avec les maîtres! Eh bien mais, pourquoi pas? J'les vaux bien! — C'est vrai! Mais c'est gentil de la part de M. Cornillet. — C'est pas mademoiselle Scholastique qu'aurait trouvé ça! c'qu'elle est fière, c'te vieille folle! — Mais c'est les autres qui vont faire un nez : les Delaplanche qui se font servir par leur cousine, la petite Ducopeau, qui ne mange jamais avec eux; les serruriers Pasdevis, aussi, qui ont des prétentions parce que le mari joue de l'accordéon, et madame Durognon, la bouchère, avec sa chaîne d'or, qui m'appelle toujours : ma fille, quand je vais lui acheter un pot au feu, et qui me fourre de la réjouissance tant qu'elle peut. Ah ! bien merci! Et les autres : les Potard qui se croient médecins parce qu'ils sont apothicaires et les Gabelou qui prennent de grands airs parce qu'ils sont à l'octroi... Ah ! ça va bien m'amuser !

SCÈNE IV

CLAUDINE, NICOLAS, apportant un panier de fruits.

NICOLAS.

Là, j'ai pris tout ce que j'avions de mûr.

CLAUDINE.

Pose ton panier dans un coin.

NICOLAS.

J'le poserai si je veux ! C'est pas toi qui vas me commander peut-être ?

CLAUDINE.

J'te commande pas ! J'te dis de le poser. Pas sur la table, nigaud ! Tu vois bien que j'mets le couvert.

NICOLAS.

Nigaud ! Nigaud ! Hé, la Claudine : si tu ménageais tes paroles.

CLAUDINE.

J'ai pas le temps d'abord ! Il faut que je me dépêche pour aller m'habiller.

NICOLAS.

T'habiller ! T'es ben assez belle comme ça pour servir à table,

CLAUDINE.

C'est que je ne sers point à table. M. Cornillet m'a invitée; c'est toi qui vas nous servir.

NICOLAS.

Quéque tu dis ?

CLAUDINE.

Je dis que tu vas nous servir ! Hein ! Ça te défrise !

NICOLAS.

Servir une domestique ? Ah ! pour ça non, par exemple !

CLAUDINE.

Faudra pourtant bien que tu le fasses, si M. Cornillet le veut.

NICOLAS.

Comment que ça se fait-il ? Si il t'a invitée, il pouvait bien m'inviter aussi. J'te vaux ben !

CLAUDINE.

J'te dis pas ! mais c'est comme ça !

NICOLAS.

Ah ! c'est comme ça ! Eh bien, on va voir !

CLAUDINE.

Qu'est-ce qu'on va voir?

NICOLAS.

Tu n'es pas encore à table, que j'te dis.

CLAUDINE.

T'es vexé !... mais c'est pas ma faute, Nicolas ! J'pouvais pas refuser à notre maître.

NICOLAS.

C'est bon ! c'est bon ! on verra... (A part.) J'vas aller faire un tour dans l'pays et quand on saura qu'on met Claudine à la même table que les maîtres, j'les connais, personne ne viendra...

CLAUDINE.

Qu'est-ce que tu rabâches là, tout seul ?

NICOLAS.

Tu verras si je rabâche !... (A part.) Ah ! on me fait un affront ! c'est bon ! c'est bon !

SCÈNE V

NICOLAS, CLAUDINE, CORNILLET.

Cornillet apportant des bouteilles de vin fin.

CORNILLET.

Mon Saint-Emilion ! Ils n'en ont pas bu souvent de comme ça ! (Il pose ses bouteilles sur la cheminée. A Nicolas.) — Qu'est-ce que tu fais là, toi ?

NICOLAS.

J'viens d'apporter les fruits... Y en a pas beaucoup parce qu'ils pourrissent.

CORNILLET.

Il y en aura assez ! Tu vas m'aller maintenant cueillir des fleurs pour mettre sur la table. C'est plus gai !

NICOLAS.

Des fleurs !

CORNILLET.

Oui, des fleurs ! Tu n'as pas compris?

NICOLAS.

Si, notre maître ! (A part.) Plus souvent que j'vais abîmer mon jardin ! J'dirai qu'il n'y en avait pas... Allons causer dans le pays.

Il sort.

SCÈNE VI

CORNILLET, CLAUDINE.

CORNILLET.

Oui! avec des fleurs, ça fera une table splendide!

CLAUDINE.

Ça sera vraiment beau, monsieur! Est-ce qu'on chantera au dessert?

CORNILLET.

C'est bien possible! Delaplanche, qui a de la voix, voudra la faire valoir, et Gabelou, un ancien militaire, a tout un répertoire comique.

CLAUDINE.

Mais vous, monsieur, vous ne chanterez pas?

CORNILLET.

Non! mais je parlerai.

CLAUDINE, *étonnée*.

Vous parlerez?

CORNILLET.

Oui, je ferai un discours!

CLAUDINE.

Un discours! Oh! comme ça sera amusant!

CORNILLET.

Tu verras ça! — Voyons, tout est prêt, n'est-ce pas? Maintenant va t'habiller.

CLAUDINE.

Oui, notre maître! — (*A part, en sortant.*) Un discours! Je n'sais pas ce que c'est. Ça doit être une comédie!

Elle sort.

SCÈNE VII

CORNILLET.

Pendant que je suis seul, si je le relisais, ce discours! Ça va les étonner. Ils ne croiront jamais que c'est moi qui l'ai fait et pourtant voilà huit jours que j'y travaille en cachette ! Scholastique elle-même n'en sait rien. Voyons. (Il tire un grand papier de sa poche.) — J'ai écrit gros, pour le lire sans lunettes. (Il lit :) « Mes amis, mes chers amis! » j'appuierai sur « Mes chers amis! » « C'est avec une joie profonde que je vous vois réunis autour de cette table pour me témoigner votre amitié. L'amitié n'est pas un vain mot ! — Quand des amis se rassemblent pour exprimer leur amitié à un ami qui a aussi de l'amitié pour eux, on peut dire que l'amitié règne autour de cette table où je ne vois que des amis! » — Ça va leur faire plaisir! — « Aussi, je veux vous exprimer toute ma reconnaissance et toute mon amitié en me montrant reconnaissant de voir que mes amis ont songé ainsi à me donner une preuve d'amitié, dont je leur suis reconnaissant! — Je bois à votre santé, mes amis! mes chers amis! Je bois à votre amitié! A l'amitié des amis! » — C'est un peu tapé! — J'ai soigné le style, à cause de Potard, le pharmacien, qui est un bel esprit et qui fait des vers! Il verra que, moi aussi, quand je veux, je puis tourner une phrase!

Il remet son discours dans sa poche.

SCÈNE VIII

CORNILLET, SCHOLASTIQUE, portant des serviettes et des lettres.

SCHOLASTIQUE.

Mon frère, voici des lettres qu'on vient d'apporter, voyez donc ce que c'est!

CORNILLET, prenant les lettres.

Des lettres! Je n'en attends pas.

SCHOLASTIQUE.

C'est Nicolas qui me les a remises.

CORNILLET.

Nous allons voir! — (Il ouvre une lettre). Allons bon! les Delaplanche ne peuvent pas venir!

SCHOLASTIQUE.

Pourquoi cela?

CORNILLET.

Je ne sais pas, voilà ce qu'ils disent : (Il lit.) « Mon cher Cornillet, impossible d'être des vôtres aujourd'hui, une affaire imprévue m'oblige à rester chez moi; je ne vous en souhaite pas moins une bonne fête, accompagnée de plusieurs autres. Delaplanche. »

SCHOLASTIQUE.

« Accompagnée de plusieurs autres. » Il a l'air de se moquer de vous.

CORNILLET.

Je n'y comprends rien! Voyons les autres. Celle-ci est de Durognon, je reconnais son écriture. (Il lit.) « Impossible d'être des vôtres aujourd'hui... » hein? « ta ta ta ta... accompagnée de plusieurs autres. »

SCHOLASTIQUE.

Comment! la même rédaction!

CORNILLET, parcourant vivement les trois autres lettres.

« Accompagnée de plusieurs autres, de plusieurs autres, de plusieurs autres!... »

SCHOLASTIQUE.

C'est une circulaire! Enfin qu'est-ce que cela veut dire?

CORNILLET.

Je n'en sais rien! Mais c'est clair! Ils me font un affront.

SCHOLASTIQUE.

Mais pourquoi? Que leur avez-vous fait?

CORNILLET.

Eh! si je le savais, je ne serais pas étonné comme je le suis!

SCHOLASTIQUE.

C'est très impoli!

CORNILLET.

Comment impoli, mais c'est grossier! Ça mérite des calottes! Je ne puis pas cependant aller me battre avec ces cinq malotrus-là.

SCHOLASTIQUE, effrayée.

Vous battre! Vous vous battriez?

CORNILLET.

Mais sans doute!... oh! rassurez-vous! Je ne leur ferai pas cet honneur. J'espère bien me venger, mais pas de cette façon.

SCHOLASTIQUE.

A la bonne heure! D'abord, il faut savoir pourquoi ils nous font cette injure gratuite.

CORNILLET.

Mais comment le savoir? Ils ne l'ont pas écrit, donc il ne veulent pas le dire.

SCHOLASTIQUE.

Ah! J'ai une idée! Ça doit être ça!

CORNILLET.

Voyons!

SCHOLASTIQUE.

Oui, oui, j'ai trouvé! Voilà! Ce sont eux qui ont organisé la petite fête. Ils se seront comptés et quand ils se sont aperçus que nous serions treize à table ils ont reculé.

CORNILLET.

Et vous vous figurez que chacun d'eux a fait la même réflexion?

SCHOLASTIQUE.

Pourquoi pas!

CORNILLET.

Soit! Je l'admets. Mais comment expliquez-vous la lettre de chacun d'eux, qui est exactement semblable, comme une circulaire?

SCHOLASTIQUE.

C'est vrai! Ça n'est pas cela.

CORNILLET.

Evidemment, ce n'est pas cela. Mais il est inutile de chercher; l'injure est faite, il ne faut pas que j'aie l'air de l'avoir reçue.

SCHOLASTIQUE.

Qu'allez-vous faire?

CORNILLET.

Ce que je vais faire? — Ah! vous croyez que j'aurai dérangé toute ma maison, mis ma cave sens dessus dessous, dressé une table, dévalisé nos armoires et tout cela pour rien ? Non, ma sœur ! Le dîner aura lieu comme si les convives étaient là.

SCHOLASTIQUE.

Nous n'allons pas, je pense, manger pour douze à nous deux ?

CORNILLET.

Non, nous aurons des convives, et de bons convives, je ne vous dis que ça. (Il va à porte du fond.) Nicolas ! Nicolas !

SCÈNE IX

CORNILLET, SCHOLASTIQUE, NICOLAS.

NICOLAS.

Me v'là, notr' maître.

CORNILLET.

C'est toi qui as apporté toutes ces lettres-là ?

NICOLAS.

Oui, notr' maître !

CORNILLET.

Qui te les a données ?

NICOLAS.

V'là comment qu'ça s'est fait, notr' maître ! Comme j'n'avions point assez de bouquets dans l'jardin, j'étions allé dans l'pays pour en chercher, alors tout le long du chemin, j'rencontris l'un et l'autre, pas vrai, qui m'donnèrent la commission de vous reporter les p'tits papiers. Ça ne vous fâche point, pas vrai ?

CORNILLET.

Non ! non !... Mais puisque tu connais si bien tout

le monde, tu vas me faire des commissions, car moi aussi j'ai à t'en donner.

NICOLAS.

Et elles seront ben faites, notr' maître.

CORNILLET.

Tu sais que je suis commandant des pompiers!

NICOLAS.

J'crois ben que je l's'ais, notr' maître! Et que vous commandez joliment ben! Ça donnerait envie d'avoir le feu chez soi.

CORNILLET.

Et mes pompiers, les connais-tu?

NICOLAS.

Pardine! Ils sont pas si nombreux, mais ils sont d'attaque! Ils sont dix en tout.

CORNILLET.

C'est bien ça!

NICOLAS.

Oh! j'vas vous les nommer: Y a Michu, qu'est caporal, puis Benoit, Pierrot, Silvain, Amédée, qu'est bancal, Adolphe, qu'est borgne, Jules, qu'est bossu, François, Popaul et Morin; ça fait le compte.

CORNILLET.

C'est exact! Tu vas aller les trouver.

NICOLAS.

Oui, notr' maître.

CORNILLET.

Et tu vas leur dire que je les convoque tout de suite, en grande tenue.

NICOLAS.

En grande tenue! Où donc qu'il y a le feu?

CORNILLET.

Ici !

NICOLAS, effrayé.

Ici ! Ah ! mais...

CORNILLET.

Oui, ici, dans la cuisine ! A l'occasion de ma fête, je les invite tous à dîner ! Et que pas un ne manque ! Ordre de service ! Tu m'entends ?

NICOLAS.

Oui, notre' maître ! (Riant.) Ah ! ah ! ah ! ça va être drôle ! (A part.) C'est les autres qui vont bisquer d'avoir refusé... Ah ! mais c'est point ma faute ! J'leur ai bien dit que la Claudine serait à table avec eux, mais je leur ai point dit de n'pas venir.

CORNILLET.

Allons, voyons, dépêche-toi, file !

NICOLAS.

Oui, notr' maître. J'vas courir ! — (A part.) J'leur dirai en passant qu'ils seront remplacés par des pompiers, — ils feront une tête ! oh ! oh ! oh !

Il sort.

SCÈNE X

CORNILLET, SCHOLASTIQUE.

CORNILLET.

Eh bien, comment trouvez-vous mon idée ?

SCHOLASTIQUE.

Excellente !

CORNILLET.

Il n'y aura rien à changer à notre couvert. —

Claudine ne dînera pas avec nous et nous servira; et j'aurai prouvé à mes excellents amis que je sais bien me passer d'eux.

SCHOLASTIQUE.

Vous vous vengez en homme d'esprit.

CORNILLET.

Certainement ! C'est que je ne suis pas une bête, comme ils pourraient le croire ; — je ne vous l'avais pas dit, mais je leur avais fait un petit discours qui n'était pas piqué des vers.

SCHOLASTIQUE.

Un discours, écrit ?

CORNILLET.

Oui, un discours écrit — fait par moi ! — Du reste, vous allez l'entendre, je le ferai servir pour les autres. — Je vais mettre mon uniforme.

SCHOLASTIQUE.

Il est dans la grande armoire.

CORNILLET.

Je sais, je sais, et mon casque ?

SCOLASTIQUE.

Il est là aussi. — Il brille comme de l'or, je l'ai nettoyé avant-hier.

CORNILLET.

Ah ! mes bons amis ! Vous voulez jouer des tours à Cornillet ! Eh bien, allez ! Rira bien qui rira le dernier !

Il sort.

SCÈNE XI

SCHOLASTIQUE, puis CLAUDINE.

SCHOLASTIQUE.

Il tient à toutes ces choses-là, mon frère, il est un peu glorieux ! Ah ! si c'était moi je ne me donnerais pas tous ces embarras ! Mais c'est égal, je voudrais bien savoir pourquoi tous ses amis ont changé d'avis.

CLAUDINE, entrant en costume du dimanche.

Me v'là ! J' suis-t'y bien comme ça ?

SCHOLASTIQUE.

Sans doute, tu es bien, trop bien, même, car ça ne va te servir à rien.

CLAUDINE.

Pourquoi donc ça, mam'zelle Scholastique ?

SCHOLASTIQUE.

Parce que tout est changé... Les amis de Cornillet ne viennent plus ; les pompiers viennent à leur place ; alors on ne sera que douze, on n'a plus besoin de toi à table.

CLAUDINE, piquée.

Ah ! on n'a plus besoin de moi !...

SCHOLASTIQUE.

A table seulement ! Tu as l'air fâchée ? Mais ma pauvre Claudine, en t'admettant à notre table, c'était un honneur pour toi et en même temps tu nous rendais service. Maintenant nous n'avons plus besoin de ce service, mais nous ne t'en savons pas moins de gré et ne t'en estimons pas moins. Seulement, comprends bien, au lieu de quatorze qu'on eût été avec toi, nous serons douze puisqu'il n'y a que dix pompiers, toi tu ferais le treizième convive et c'est ce que nous voulons éviter.

CLAUDINE.

J'avais pourtant mis ma belle robe!

SCHOLASTIQUE.

Tu la garderas si tu veux.

CLAUDINE.

Mais ça m'est égal moi, d'être treizième à table.

SCHOLASTIQUE.

C'est que tu ne sais pas, quand on est treize à table, il y en a toujours un, dit-on, qui meurt dans l'année.

CLAUDINE.

Pourquoi ça?

SCHOLASTIQUE.

Je ne sais pas! on dit ça : c'est un dicton. Eh bien, ça pourrait être toi.

CLAUDINE.

Mâtin! Je ne veux pas!

SCHOLASTIQUE.

Et puis, toi, toute jeune, au milieu de ces pompiers, ce n'est pas convenable!

CLAUDINE, tristement.

C'est vrai! Allons! J'vas ôter ma robe...

SCHOLASTIQUE.

Garde-la, si tu veux.

CLAUDINE.

Oh! non! pour servir à table, j'pourrais l'abîmer.

SCHOLASTIQUE.

C'est bien! Tu es économe; pour te récompenser

je te donnerai mon beau petit fichu rose, que je ne mets plus, il t'ira très bien.

CLAUDINE.

Merci, mademoiselle Scholastique!

SCHOLASTIQUE.

Mais ce n'est pas tout!... Comme nos amis ne viennent plus, ils n'enverront pas leurs plats, il faut improviser un repas et aller aux provisions.

CLAUDINE.

C'est juste! Eh ben, me v'là. Qu'est-ce qu'il faut aller chercher?

SCHOLASTIQUE.

Nous n'avons pas le temps de faire de cuisine. Tu prendras d'abord deux gros pâtés de lièvre, chez le traiteur et aussi deux poulets rôtis. On fera de la salade et, avec du fromage et nos fruits, nous aurons un repas complet.

CLAUDINE.

J'vas ôter ma robe et courir chez le traiteur.

SCHOLASTIQUE.

C'est ça! Va, ma bonne Claudine!... Une autre fois, quand nous serons seuls, si ça te fait grand plaisir, je dirai à mon frère de t'inviter.... es-tu contente?

CLAUDINE, joyeuse.

Ah! oui, mam'zelle!... J'vas m'dépêcher maintenant.

Elle sort.

SCÈNE XII

SCHOLASTIQUE, puis CORNILLET, en pompier.

SCHOLASTIQUE.

Brave fille! Elle s'était fait une fête de ce repas!... Maintenant pourvu que les pompiers n'aient pas trouvé des excuses, eux aussi? Oh! ils n'oseraient pas désobéir à leur commandant.

CORNILLET, entrant en commandant de pompiers.

Le commandant! le voilà!

SCHOLASTIQUE.

Vous êtes splendide!

CORNILLET.

N'est-ce pas? L'uniforme me va bien!

SCHOLASTIQUE.

Vous avez un air martial!

CORNILLET.

Et si vous me voyiez à l'exercice avec mes hommes! Ce que je les fais manœuvrer, c'est superbe! Nous ne sommes que dix, onze avec moi, eh bien, tout le village brûlerait en même temps que je me fais fort d'éteindre le feu en moins d'une heure.

SCHOLASTIQUE, souriant.

Je n'en doute pas!

CORNILLET.

Tout dépend du commandement! — Il faut être énergique... (Il commande.) Attention! — A vos pompes! — une, deux, trois! — Déroulez les tuyaux... une, deux! — Vissez les tuyaux! une, deux! — Pompez!

une, deux ! Ah ! c'est passionnant ! Je voudrais qu'il y eût un incendie tous les jours !

SCHOLASTIQUE.

Excusez !

CORNILLET.

Malheureusement, nous n'avons jamais fait que des exercices. Il n'y a jamais eu d'incendie dans le village.

SCHOLASTIQUE.

C'est bien heureux pour lui !

CORNILLET.

Ah ça mais, Nicolas ne revient pas.

SCHOLASTIQUE.

Si, le voici !

SCÈNE XIII

LES MÊMES, NICOLAS.

CORNILLET.

Eh bien ? Tu as vu tous mes pompiers ?

NICOLAS.

Oui, notr' maître.

CORNILLET.

Ils viennent ?

NICOLAS.

J'vas vous dire...

CORNILLET.

Mais enfin ils viennent ?

NICOLAS.

Oui, notr' maître! mais j' vas vous dire... parce que... enfin voilà! — D'abord j'ai été chez Michu, le caporal, en premier. J'ai t'y bien fait?

CORNILLET.

Sans doute! la hiérarchie! Sans cela, pas d'obéissance!

NICOLAS.

Bien? J'ai été chez Michu, Michu m'a demandé comment que vous vous portiez. Je lui ai dit : très bien!... J'ai t'y bien fait?

CORNILLET.

Sans doute, bavard!

NICOLAS.

Bien. Je lui ai dit votre ordre... Il m'a dit : Bien, on va s'habiller. Après je lui ai dit que j'allais moi-même prévenir les hommes; j'ai t'y bien fait?

CORNILLET.

Mais oui, imbécile! Tu les as prévenus et ils vont venir?

NICOLAS.

Oui... Après, je suis été chez Benoît... il a une fluxion.

CORNILLET.

Alors il ne viendra pas?

NICOLAS.

Si! Il a dit, j' mettrai une margoulette, j' viendrai tout d' même! Ensuite je suis été...

CORNILLET.

Enfin! Ils viendront tous?

NICOLAS.

Oui, notr' maître! ils me l'ont promis.

CORNILLET.

C'est tout ce que je veux savoir.

NICOLAS, à part.

Et puis c' que j' lui dis pas, c'est que je suis aussi été chez les autres leur raconter que les pompiers prenaient leur place et ils bisquent d'avoir envoyé leurs lettres.

CORNILLET.

Maintenant laisse-nous.

NICOLAS.

Oui, notr' maître! mais dites-moi : j'ai t'y ben fait?

CORNILLET.

Mais oui, je te dis!

NICOLAS.

C'est bon! maintenant que j'ai ben fait, j' suis content!

SCÈNE XIV

LES MÊMES, CLAUDINE, avec un panier de provisions.

CLAUDINE.

Ah! ben, j'en peux plus! Ouf!...

Elle pose son panier.

CORNILLET.

Assieds-toi!

CLAUDINE.

Oui, monsieur! mais v' là une autre histoire maintenant!

CORNILLET.

Une autre histoire? Qu'est-ce que c'est?

CLAUDINE.

Comme j'allais chez le traiteur, j'ai rencontré M. Delaplanche, qui m'a dit que sa lettre était une farce, qu'il allait venir, et il a mis un gigot dans mon panier ; puis ensuite les Potard qui apportaient un fricandeau, les Pasdevis avec des andouilles, enfin tous! Ils viennent tous! J'ai les bras cassés de ce qu'ils m'ont donné à porter.

SCHOLASTIQUE.

Ah! bien maintenant, nous allons être trop nombreux!

CORNILLET.

Ça ne fait rien! Ah! c'était une farce ?

CLAUDINE.

Oui, monsieur!

NICOLAS, *à part.*

La farce, c'est moi qui l'ai faite!

CORNILLET.

Eh bien, au lieu de douze, nous serons vingt-trois, un vrai repas de corps! Ça sera très gai! — Allons, vite, des rallonges à la table! Et que ça ne traîne pas! Que tout le monde s'y mette! Jamais je n'aurai vu une fête comme ça! Quant à mon discours, il n'est peut-être plus assez long, mais je n'ai pas le temps de le recommencer, il servira pour tout le monde!

FIN

Imprimerie générale de Châtillon-sur-Seine. — M. PEPIN.

www.ingramcontent.com/pod-product-compliance
Ingram Content Group UK Ltd.
Pitfield, Milton Keynes, MK11 3LW, UK
UKHW020523180726
13839UKWH00005B/2279